Stb

Paul Ferrini ist Autor zahlreicher Bücher, deren Ziel es ist, emotionale Defizite zu heilen und eine Spiritualität in den Alltag zu integrieren, die in den wahren Herausforderungen des täglichen Lebens verwurzelt ist. Sein Werk spricht direkt zum Herzen, da es aus eigener Erfahrung erwuchs. So erklärt sich die Kraft, die daraus auf den Leser übergeht und ihn befähigt, Angst und Scham zu überwinden, um seinen Mitmenschen anschließend als der, der er wirklich ist, gegenüberzutreten.

Ein Buch mit praktischen Hinweisen zur Überwindung des Egobewusstseins, zum Umgang mit Ängsten und zur Erkenntnis unseres wahren Selbst. Es lässt den Leser Einblick gewinnen in die Mechanismen der Gedanken und gibt ihm die Mittel an die Hand, mit ihnen so umzugehen, dass sie ihn unterstützen, statt ihn zu unterminieren – eine Programmierung, die in unserer Gesellschaft weit verbreitet ist und verhindert, dass jeder das Glück in sich selbst finden kann.

Paul Ferrini

# LEBEN IN HINGABE

aus dem Amerikanischen
von Momo Edel

Stb

Als Vorlage diente die im Jahre 2000
im Schirner-Verlag erschienene Ausgabe



ISBN 978-3-89767-577-3

1. Auflage 2007

Umschlaggestaltung: Murat Karaçay
Satz: Sebastian Carl
Herstellung: Reyhani Druck und Verlag, Darmstadt

www.schirner.com

# Inhalt

# Einleitung

# WAS WIR HINGEBEN

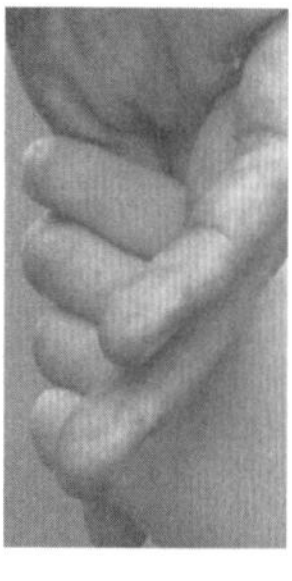

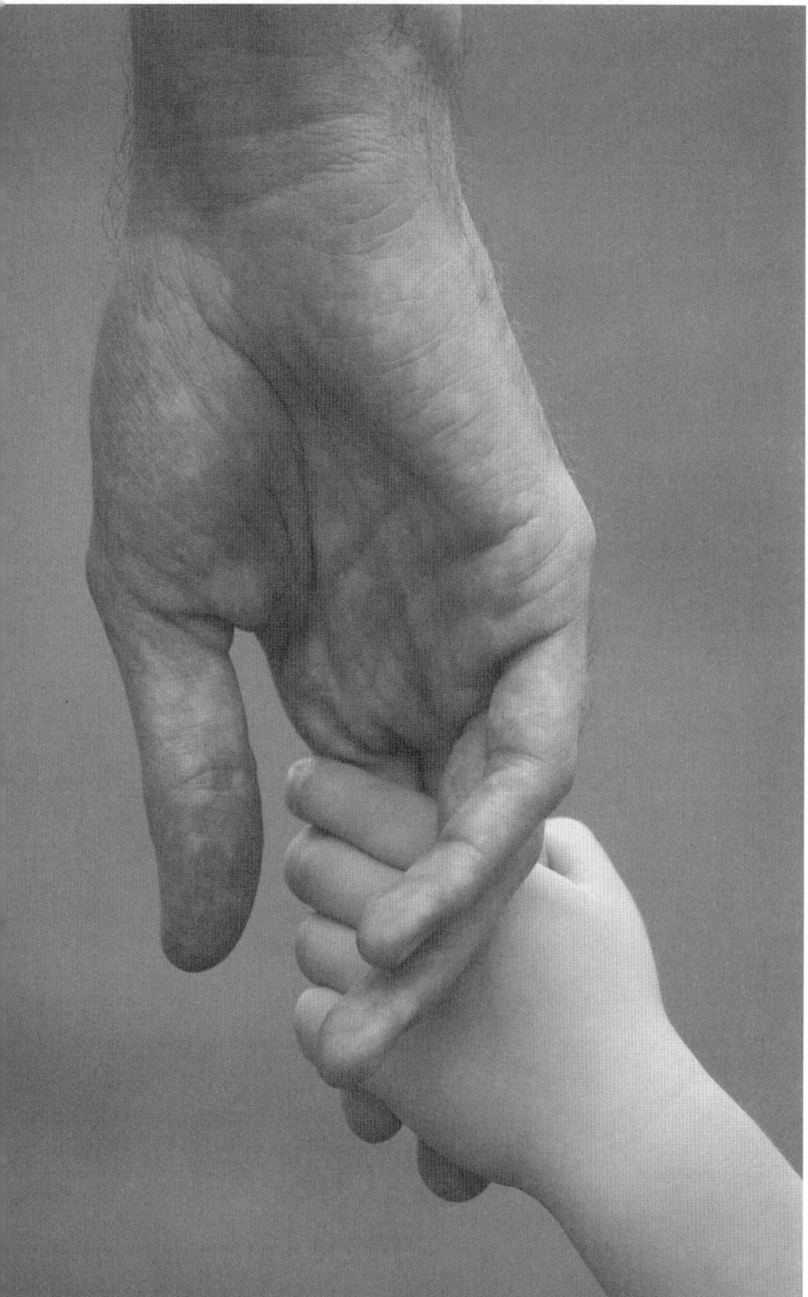

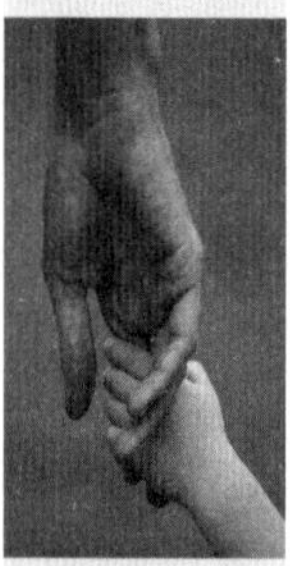

# Was wir hingeben

Im weltlichen Sinne ist es nicht sinnvoll sich hinzugeben. Es ist weder angemessen noch vorteilhaft, die Macht über sich selbst einem anderen Menschen zu überlassen, unabhängig von Position, Abstammung oder symbolischem Wert, die dieser haben mag.

Bei der Art Hingabe, von der hier die Rede ist, geht es nicht darum, sich einer äußeren Autorität zu ergeben, sondern vielmehr darum, sich einer inneren Autorität hinzugeben. Wenn ich hier von „sich hingeben" spreche, meine ich damit, dass wir unser Egobewusstsein, jenen in Herz und Verstand gespaltenen Bereich, zugunsten eines größeren, umfassenderen Bewusstseins aufgeben.

Die Voraussetzung dafür ist, dass jeder von uns Zugang zu diesem Bewusstsein finden und aus ihm heraus leben kann, anstatt im bruchstückhaften Bewusstsein des verwundeten Opfers zu verweilen. Oder um es ganz einfach auszudrücken: Wir sind in der Lage, unsere Ängste zu überwinden, um zum Kern der Liebe vorzudringen, der Quelle dessen, was wir sind.

Hier verschmelzen wir mit unserem wahren Wesen. Wir ergeben uns der inneren Sicherheit jenes Teils von uns, der weiß, ohne zu wissen, woher er dieses Wissen nimmt. Hingabe bedeutet, das Bedürfnis abzulegen, unser Leben kontrollieren, Dinge herausfinden oder die Zukunft vorhersagen zu wollen. Es bedeutet, unsere Wertungen und Einschätzungen des Lebens loszulassen, eben alles, was uns und unserem inneren Frieden im Wege steht.

Ein großer Teil dessen, was wir zu sein glauben, ist eine Kombination aus Ängsten und jenen Abwehrmechanismen, die aus den Ängsten entstanden sind. Zwar sorgen diese Abwehrmechanismen für unsere Sicherheit, aber sie halten uns auch gefangen. In diesem eingeschränkten Zustand können wir weder unser eigenes wahres Selbst noch das wahre Selbst anderer erkennen.

Erkenntnisse gewinnen wir nur im gegenwärtigen Augenblick. Um wirklich ganz im Jetzt zu sein, müssen wir bereit sein, die Vergangenheit hinter uns zu lassen und die Zukunft mit offenen Armen zu begrüßen. Das heißt oft, dass wir die Türen hinter uns zufallen lassen müssen, durch die wir an diesen Punkt gekommen sind.

Die Vergangenheit hinter uns zu lassen, ohne zu wissen, was die Zukunft uns bringen wird, dazu benötigen wir Vertrauen in uns selbst, in andere und in die Wirklichkeit. Wenn wir inmitten dieser offensichtlichen Unsicherheit vollkommen gegenwärtig und bewusst sein können, werden wir unmissverständlich zum nächsten Schritt in unserem Leben geführt.

In Wahrheit ist es eine Reise, die aus vielen kleinen Schritten besteht. Wir haben vielleicht das Gefühl, dass wir irgendwohin gehen, aber wir wissen nicht genau, wie oder wann wir dort ankommen werden. Bei jeder neuen Erfahrung offenbart sich uns der nächste Schritt. Auf diese Weise entfaltet sich die Gnade in unserem Leben.

# WER GIBT SICH HIN?

# Wer gibt sich hin?

Jemand, der sich fürchtet, kann sich nicht hingeben. Jeder, dessen Bewusstsein eingeschränkt, abwehrend oder egozentrisch ist, kann sich nicht ergeben. In einem solchen Zustand können wir uns nicht hingeben. Wir können unsere Wertungen nur vertiefen und verlassen infolgedessen den Zustand der Gnade.

Hinter unseren Wertungen und unseren Ängsten gibt es jemanden, der uns versteht und uns vergibt, der allem, was uns im Leben widerfährt, großes Mitgefühl entgegenbringt. In dem Wissen, dass sie/er geliebt und angenommen wird, kann sie/er dir bedingungslose Liebe und Anerkennung schenken.

Sie/Er ist die-/derjenige, die/der das verletzte Kind in den Armen hält, es beruhigt, und es daran erinnert, dass es sich in Sicherheit befindet. In ihrer/seiner liebevollen Umarmung verstummen die Schreie des Kindes. Der Schrecken verschwindet und die Sicherheit kehrt zurück.

Denke daran, dass du das zappelnde, schreiende Kind bist, so wie du es auch bist, der das Kind liebevoll auffängt. Du bist die-/derjenige, die/der bewertet und angreift, du bist es aber auch, die/der vergibt und Fehler wiedergutmacht. Wenn du nicht lernst, deiner Wut, deiner Angst und deinen enttäuschten Erwartungen mit Mitgefühl zu begegnen, wie soll die Gnade dann in dein Leben finden?

# I.
# Den Verstand öffnen

# KOPFGEBURTEN

# Kopfgeburten

Im Kopf sind so viele Gedanken. Einige sind aufbauend, andere deprimierend. Manche schenken Erleuchtung und wieder andere erschrecken uns.

In jedem Augenblick schwirren viele verschiedene Gedanken durch unseren Kopf. Wenn wir einmal tief Luft holen und ganz ruhig werden, können wir dieser Gedankenparade zusehen.

Die meisten Gedanken tauchen auf der Leinwand unseres Verstandes auf und verschwinden dann wieder. Wir beachten sie kaum.

Aber hin und wieder erkennen wir uns in einem Gedanken. Wenn wir uns mit einem Gedanken identifizieren, gewinnt dieser Gedanke Macht. Er erhält Aufmerksamkeit. Wenn es sich um einen angenehmen Gedanken handelt, führt er zu weiteren angenehmen Gedanken. Wir haben Tagträume, lassen der Phantasie freien Lauf und wünschen uns dies und jenes.

Wenn es sich um einen negativen Gedanken handelt, führt er zu anderen beunruhigenden Gedanken. Wir lassen beängstigende Bilder entstehen.

Wenn wir einem Gedanken sehr viel Aufmerksamkeit schenken, löst er oft eine gefühlsmäßige Reaktion aus. Wenn unsere Gefühle berührt sind, ist es nicht einfach, sich der Gedanken, die wir denken, bewusst zu bleiben. Stattdessen werden wir zum Opfer, das auf die Gedanken reagiert.

# DIE EBENE DER WERTURTEILE

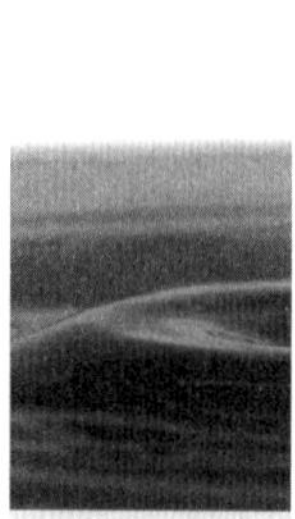

# Die Ebene der Werturteile

Zusätzlich zu den Gedanken, die wir denken, enthält unser Verstand auch noch die Werturteile, die wir über unsere Gedanken fällen. Wir mögen einen Gedanken, den anderen aber nicht. Dieser Gedanke ist spirituell, der andere nicht und so weiter.

In jedem von uns wird das, was wir denken, fortlaufend kommentiert. Gleichermaßen wird das, was andere uns mitteilen, von Kommentaren begleitet. Wir hören nie auf, zu interpretieren, zu analysieren und dieses mit jenem zu vergleichen.

Diese Bewertungsebene des Verstandes kann überdimensionale Ausmaße annehmen. Wir denken etwas, dann bewerten wir es. Anschließend bewerten wir unser Urteil darüber und so weiter. Das kann zu einem ziemlich verworrenen Durcheinander führen.

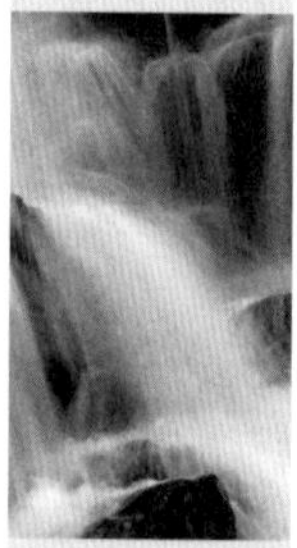

# Klarer Verstand, klares Bewusstsein

Unterhalb dieser Ebene der Bewertung liegt das beobachtende Bewusstsein, jene Ebene des Selbst, das einfach nur betrachtet, was geschieht. Es betrachtet den Gedanken und die Bewertung des Gedankens. Es betrachtet alle Deutungen und das ganze bewegte Hin und Her der Gedanken untereinander.

Wenn wir ganz ruhig werden, erreichen wir diese Ebene des reinen Bewusstseins. Wir identifizieren uns nicht mit unseren Gedanken und Werturteilen. Wir nehmen sie einfach wahr.

Manchmal schläft der Betrachter mitten im Bewusstseinsprozess einfach ein, und wir beginnen, uns mit unseren Bewertungen zu identifizieren. Dann erwacht der Betrachter wieder und die einfache Bewusstheit ist wiederhergestellt.

Je länger wir in diesem Zustand des Betrachtens verweilen, desto ruhiger wird unser Verstand. Gedanken kommen und gehen, aber wir wissen, dass sie uns nicht berühren.

Wir beginnen, in etwas zu ruhen, das viel größer ist als diese Gedanken. Etwas, das diese Gedanken liebevoll auffängt. Du kannst es Bewusstheit nennen. Du kannst es Stille nennen. Es ist jener Ort, an dem die Gedanken entspringen und zu dem sie zurückkehren. Hier ist der Verstand so ruhig wie die Oberfläche eines Sees bei Windstille. Hier findet der Verstand Frieden.

# OFFENHEIT

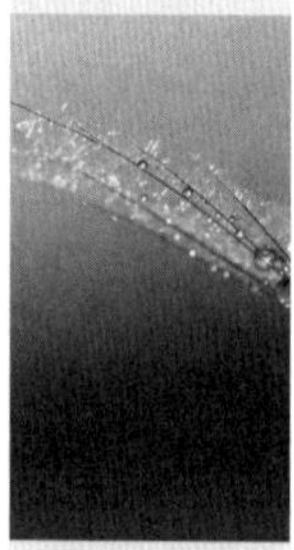

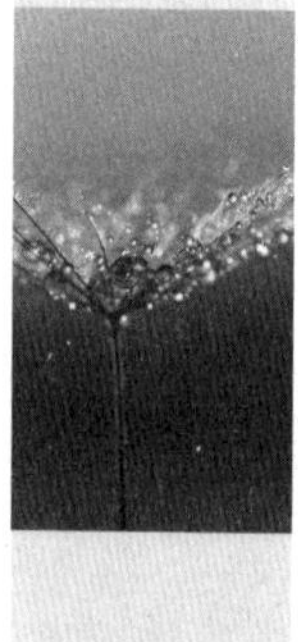

# Offenheit

Ein aufnahmebereiter Verstand zeichnet sich durch Frieden und Klarheit aus. Ein zugänglicher Verstand identifiziert sich nicht mit bestimmten Gedanken. Er hält nicht an Meinungen fest oder pflegt Vorurteile. Er beschäftigt sich nicht mit Bewertungen, Interpretationen oder Analysen.

Ein aufgeschlossener Verstand kann mit Leichtigkeit auf die Herausforderungen des

Augenblicks reagieren. Er ist unbehindert und frei. Er haftet nicht an der Vergangenheit und beschäftigt sich nicht mit der Zukunft. Er befindet sich genau im Hier und Jetzt. Das hat zum Ergebnis, dass er für alle Möglichkeiten offen ist, die sich entwickeln können.

Der Verstand verschließt sich, wenn er sich mit seinen Gedanken oder Urteilen identifiziert. Das schränkt seine Wahrnehmung ein. Er kann die verfügbaren Chancen nicht mehr erkennen.

# Überzeugungen

Wenn wir zu einem Thema eine Meinung entwickeln, engen wir unseren Blickwinkel ein. Wir entscheiden uns für eine bestimmte Art zu denken.

Ein Verstand, der zu einer Überzeugung gelangt ist, ist nicht mehr offen. Ein solcher Verstand hat sich festgelegt, auf eine bestimmte Weise zu handeln. Es ist ein Verstand, der seine Möglichkeiten eingeschränkt hat.

Nicht jede Handlung verlangt jedoch eine Einschränkung des Blickwinkels. Manchmal wird uns bewusst, dass eine bestimmte Maßnahme notwendig ist, und wir ergreifen sie. Wir überlegen nicht. Und wir bedauern nichts.

Wenn die Maßnahme durchgeführt ist, kehren wir zur Offenheit zurück. Wir sehen, wo wir stehen und was jetzt möglich ist. Bloß weil wir auf eine bestimmte Art und Weise gehandelt haben, heißt das nicht, dass wir auch in Zukunft so handeln müssen.

Der Verstand öffnet und schließt sich. Wir identifizieren uns mit etwas und kehren dann zur einfachen Bewusstheit zurück. Wir lassen nicht zu, dass wir in einer starren, unhaltbaren Position verharren.

Ein beweglicher Verstand öffnet und schließt sich. Er bleibt niemals verschlossen. Er überprüft seine Haltung mit jeder neuen Information, die er erhält, ständig aufs Neue.

Dogmatisches Denken verschließt den Verstand. Starre Glaubensvorstellungen sperren den Verstand in ein selbsterrichtetes Gefängnis.

Wenn Ängste aufkommen, neigen wir dazu, alles in eine Kiste zu packen und diese fest zu verschnüren. Aber Kisten sind dazu da, um geöffnet zu werden.

Das Leben passt nicht in vorgefertigte Schubladen. Es überschwemmt die Ufer und wächst immer wieder aus der Form heraus, durch die es sich gerade ausdrückt.

Der Verstand weitet sich und zieht sich zusammen. Er schränkt seinen Blickwinkel ein und erweitert ihn. Diese Beweglichkeit ist der Schlüssel zu einem aufgeschlossenen und freien Leben.

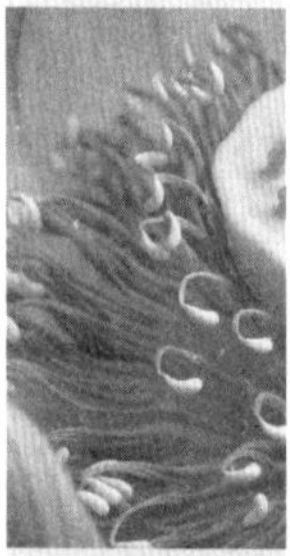

# MEINUNGEN ÄNDERN

# Meinungen ändern

Wenn wir nicht zu früh zu Überzeugungen gelangen oder uns nicht starr an Positionen klammern, die wir eingenommen haben, müssen wir unsere Meinung nicht sehr oft anpassen. Wir können unsere Einstellung ändern, aber wir müssen nicht alles infrage stellen.

Wenn wir Fehler machen, können wir sie eingestehen und eine neue Vorgehensweise entwickeln. Fehler entstehen in der Regel dann, wenn wir handeln, bevor wir uns über etwas im Klaren sind, oder wenn wir an einer alten Meinung festhalten, die angepasst werden muss.

Wenn wir uns nicht an eine alte Überzeugung klammern oder impulsiv auf eine neue zu bewegen, können wir die für den Augenblick am besten geeignete Handlungsweise erkennen. Im nächsten Augenblick kann bereits ein völlig anderes Verhalten erforderlich sein, aber das erfahren wir erst, wenn wir dort angekommen sind.

Das Leben ist dynamisch. Es verändert sich ständig. Das Bewusstsein, das wir in diesem Moment besitzen, muss nicht das Bewusstsein

sein, das wir morgen oder in der nächsten Woche haben.

Wenn wir in unseren Handlungen standhaft sind, können wir Veränderungen zulassen. Wenn wir in unserem Denken beweglich bleiben, sind wir dann zum Handeln bereit, wenn die Zeit reif ist.

# KONFLIKT UND ZWIESPALT

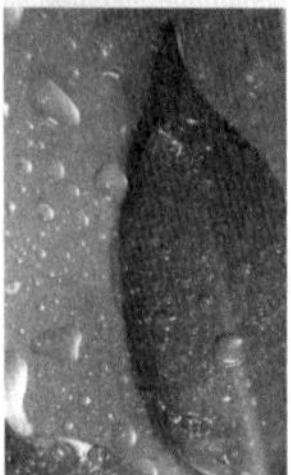

# Konlikt und Zwiespalt

Es gibt Zeiten, in denen wir zwischen zwei gegensätzlichen Möglichkeiten hin und her schwanken. Wir fühlen uns zu beiden Positionen gleichermaßen hingezogen. Wir wollen unsere Sicherheit, und wir wollen unsere Freiheit. Das jedoch scheint sich auszuschließen. Unsere Wahrnehmung ist gespalten.

Zu handeln, wenn wir mit uns nicht einig oder im Zwiespalt sind, heißt Ärger heraufbeschwören. Dann ist nicht der Zeitpunkt zu handeln, sondern einfach nur gegenwärtig zu sein und unsere Neigung zu beiden Polen des Spektrums zu erkennen. Es ist eine Zeit, in der wir unsere Gedanken und Werturteile hinter uns lassen und uns in die betrachtende Bewusstheit versenken sollten.

Wenn wir das tun, nehmen wir den Druck weg. Wir müssen uns nicht entscheiden, bevor wir dazu bereit sind. Wir warten. Wir beobachten. Und früher oder später verändert sich etwas. Vielleicht in unserer Wahrnehmung und/oder vielleicht in der äußeren Situation.

Wir sollten niemals Entscheidungen treffen, wenn wir mit uns im Widerstreit liegen oder einer Sache zwiespältig gegenüberstehen. Wenn wir es dennoch tun, werden diese Entscheidungen uns und anderen wahrscheinlich Kummer bereiten.

Dies ist der beste Zeitpunkt, um ganz still zu werden und zuzuhören. Es ist die beste Zeit, um zu meditieren, sich auf ein Retreat* zu begeben, in den Wäldern zu wandern oder angeln zu gehen. Wenn wir etwas Greifbares unternehmen, was den Körper fordert und uns damit von unserer Kopflastigkeit ablenkt, kann sich die geistige Spannung am schnellsten legen.

*Mit „Retreat" wird eine Periode des Rückzugs bezeichnet, die zur spirituellen inneren Einkehr dient. (Anm. d. Ü.)

# RUHE IM STURM

# Ruhe im Sturm

Immer wenn wir angespannt sind oder uns unter Druck gesetzt fühlen, ist es Zeit, uns zurückzuziehen. Es sind Anzeichen dafür, dass sich in unserem Kopf ein Sturm zusammenbraut.

Lasst uns tief durchatmen und einen Spaziergang machen. Lasst uns unseren Körper bewusst spüren.

Jetzt ist kein Augenblick für Entscheidungen. Es ist Zeit, den Druck zu vermindern.

Wir erkennen, dass wir einander widersprechende Gedanken haben. Wir geben zu, dass wir nicht wissen, was wir denken oder tun sollen.

Wir atmen und lassen das Leben so sein, wie es ist. Wir hören auf, Dinge beeinflussen zu wollen. Wir akzeptieren die Dinge so, wie sie sind.

Wir ruhen im Sturm und lassen ihn über uns hinwegziehen. Stürme dauern nicht ewig.

Wir lassen das Problem los. Wir geben uns dem Bedürfnis hin, das Problem loszulassen. Wir nehmen alles so hin, wie es ist, und finden es in Ordnung.

Wir akzeptieren die Unvollkommenheit des Lebens in diesem Augenblick. Wir wissen, dass das Paket nicht ordentlich verpackt ist. Aber es ist nicht zu ändern. Klebeband und Schere sind nirgendwo zu finden.

Es wird leichter sein, sich ein andermal mit dem Verpacken des Pakets zu beschäftigen.

Der Sturm kommt und geht. Der Regen prasselt auf uns herab und der Wind schüttelt uns durch. So ist es eben. Es ist nicht unsere Schuld.

In unserem Bewusstsein mögen Stürme aufkommen, aber das Bewusstsein ist mehr als der Sturm. Es ist zugleich der Himmel, über den der Sturm hinwegzieht.

Hinter den Wolken herrschen blauer Himmel und Sonnenschein. Wenn es regnet, müssen wir uns daran erinnern. Wenn uns die starken Windböen dazu zwingen, Unterschlupf zu suchen, erinnern wir uns an die Ruhe vor dem Sturm.

Wir ertragen dieses Unwetter wie ein Baum; während sich unsere Zweige im Wind schütteln, erinnern wir uns daran, dass sich die

Wolken zur rechten Zeit teilen werden und die Sonne hervorkommen wird, um unsere Blätter zu trocknen.

Der Verstand umfasst Sturm, Baum und Himmel. Er ist derjenige, der handelt, derjenige, auf dessen Kosten gehandelt wird und auch derjenige, der die Handlung beobachtet.

All das bist du und noch viel mehr. In dir befindet sich die Ursache deines Kummers und die Fähigkeit zur Befreiung von deinen Leiden.

# 2.
# Im Herzen leben

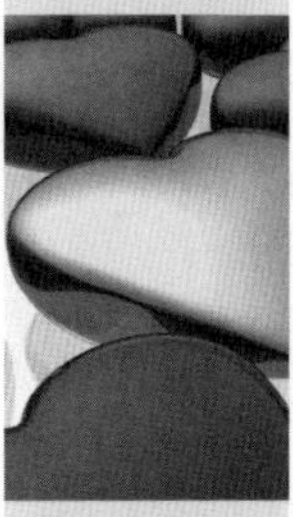

# HERZENS-
# ANGELEGENHEITEN

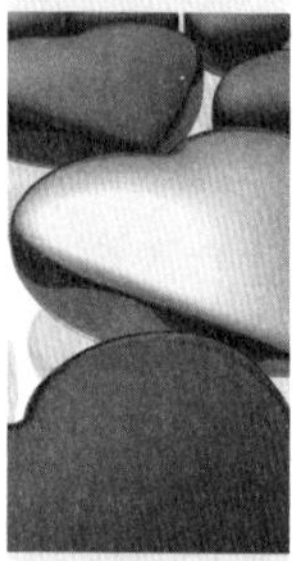

# Herzens-angelegeheiten

Unsere Herzen sind voller Sehnsüchte. Manche von ihnen widersprechen einander. Wir wollen unser Leben mit einem anderen Menschen teilen, und wir wollen unsere Unabhängigkeit. Wir wollen eine interessantere, kreativere Arbeit, aber wir wollen zugleich die Sicherheit, die uns unsere jetzige Stellung bietet.

Wenn wir über das, was wir wollen, im

Zwiespalt sind, bringen wir diese Wünsche auf zwiespältige Art und Weise in unser Leben ein. Wenn wir uns über das, was wir wollen, im Klaren sind und daran festhalten, erreichen wir unversehrt das gewünschte Ziel.

Oft müssen wir etwas, was wir uns wünschen, erst auf negative Art und Weise erleben. Erst dann wissen wir, dass es nicht das ist, was wir wirklich wollen. Das hilft uns dabei, aus dem Zwiespalt herauszukommen.

Wir müssen uns dafür nicht geißeln. Auf diese Art lernen wir. Manchmal müssen wir zu einer Sache Nein sagen, bevor wir zu einer anderen Ja sagen können.

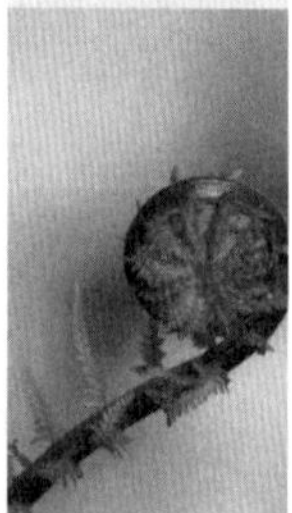

# Ängste

Unsere Wünsche neigen dazu widersprüchlich zu sein, weil wir an dem hängen, was wir kennen. Selbst wenn wir die Umstände nicht mögen und uns nach etwas anderem sehnen, fürchten wir uns davor, etwas Vertrautes loszulassen. Das, was wir kennen, wirkt beruhigend auf uns, selbst, wenn wir es nicht mögen. Wir wissen, wie wir damit umgehen müssen. Doch wir haben keine Ahnung, wie wir dem Unbekannten begegnen sollen. Das, was wir nicht kennen, wirkt immer beängstigend.

Es überrascht daher keineswegs, dass wir uns häufig in der Lage befinden, dass wir uns vor dem fürchten, was wir uns wünschen. Unnötig zu erwähnen, dass wir dadurch außer Gefecht gesetzt werden. Wir schwanken zwischen den Extremen von Wollen und Dochnichtwollen. Es ist für uns und andere gleichermaßen gefühlsmäßig erschöpfend, wenn wir uns nicht schlüssig sind, ob wir ja oder nein sagen sollen. Alles, was wir tun können, um in dieser Situation Frieden zu finden, ist, uns unserer Ängste und Wünsche bewusst zu werden und in dieser Bewusstheit zu ruhen.

Wenn wir das tun, dringen wir durch unsere Angst und unsere Wünsche hindurch zu etwas vor, das größer ist als beide. Es ist das einfache Annehmen unserer Selbst, genau hier, inmitten des Konflikts oder Zwiespalts. Vielleicht mühen wir uns ab, weil wir etwas wollen, vor dem wir uns fürchten. Doch den Menschen, der sich abmüht, können wir vorbehaltlos akzeptieren. Wenn wir das tun, finden Wünsche und Ängste gemeinsam an einem friedlicheren Ort Ruhe, wo sie dann miteinander in Einklang gebracht werden können.

Wir unterdrücken unsere Wünsche nicht, aber wir geben ihnen auch nicht einfach nach. Wir stürmen nicht blindlings drauflos und ziehen uns auch nicht ängstlich zurück. Wir bewegen uns langsam vorwärts. Wir finden einen Mittelweg, eine Möglichkeit, allen unseren Gefühlen gerecht zu werden. Wir lernen, uns selbst die Wahrheit zu sagen. Und das ermöglicht es uns, auch den anderen die Wahrheit zu sagen.

Wenn wir die Gesamtheit unserer Gefühle akzeptieren, können wir wahrhaftig sein. Wir müssen nicht vorgeben, jemand oder etwas zu sein, der/das wir nicht sind. Wir müssen andere nicht täuschen oder uns schuldig fühlen, weil wir sie belogen oder in die Irre geführt haben.

Indem wir uns selbst und anderen gegenüber ehrlich sind, kann der Kummer, der durch unsere Zwiespältigkeit hervorgerufen wird, aufgehoben werden. Die Wahrheit schenkt uns die Freiheit, wir selbst zu sein, durch unseren Konflikt hindurchgehen zu können, anstatt ihn beiseitezuschieben, und uns dem eigenen Bedürfnis nach Heilung zu widmen.

# Echte Wünsche

Sobald wir unsere Ängste erkannt und in unser Bewusstsein gerückt haben, haben wir bereits begonnen, sie zu überwinden. Haben wir unseren Ängsten erst einmal Aufmerksamkeit geschenkt, steuern sie uns nicht mehr. Stattdessen gehen wir durch sie hindurch, ganz bewusst und Schritt für Schritt. Auf diese Weise wird in unserer Psyche der

Prozess der Eingliederung und des Ausgleichs in Gang gesetzt.

Aber manchmal sind unsere Ängste sehr groß. Sie bleiben auch dann noch lästige Begleiter, wenn wir erkannt haben, dass es sie gibt. Wenn wir uns unserer Ängste bewusst werden und sie dadurch nicht abnehmen, müssen wir begreifen, dass wir vielleicht noch nicht für das bereit sind, was wir uns vorgenommen hatten. Wir müssen uns selbst und anderen vielleicht eingestehen: „Ich würde es gerne tun, aber ich stelle fest, dass ich noch nicht so weit bin."

Manchmal spüren wir Unsicherheit, wenn wir ein bestimmtes Risiko eingehen sollen. Das bedeutet, dass wir uns dieser Herausforderung nicht mit voller Überzeugung stellen können. Wenn wir es dennoch tun, könnten wir uns selbst und anderen eine Enttäuschung bereiten. In diesem Fall ist es besser zu warten, bis wir uns reif dafür fühlen.

Möglicherweise dauert es eine Weile, bis wir bestimmte Ängste hinter uns lassen können. Wir können den Prozess nicht beschleunigen. Es wird so lange dauern, wie es dauert. Wir werden wissen, wenn wir damit fertig sind.

Oft verlangen andere etwas von uns, wozu wir noch nicht bereit sind. In dem Versuch, ihnen eine Freude zu machen, tun wir uns selbst Gewalt an. Anschließend, wenn alles vorbei ist, fühlt sich jeder verletzt. Dieses Muster kann durchbrochen werden, wenn wir das Ausmaß unserer Ängste zugeben, erst uns selbst gegenüber und dann gegenüber anderen.

Angst ist nicht unbedingt etwas Schlechtes. Sie fordert uns lediglich dazu auf, einer Sache Aufmerksamkeit zu schenken. Wenn wir erst einmal aufmerksam geworden sind, löst sich die Angst auf. Sie hat ihren Zweck erfüllt.

Manchmal müssen wir einen Tag lang aufmerksam sein. Manchmal brauchen wir mehrere Jahre der Aufmerksamkeit. Nicht alle Ängste benötigen dieselbe Menge an Aufmerksamkeit.

Wenn wir der Angst erst einmal zugehört haben, sollte sie abnehmen. Geschieht das nicht, müssen wir ihr weiter Aufmerksamkeit schenken. Das kann bedeuten, sich bewusst mit der Angst auseinanderzusetzen oder aber von einer Handlung Abstand zu nehmen, die uns insgeheim erschreckt.

Wenn wir der Angst gestatten, in unser Bewusstsein vorzudringen, kommen wir mit einem Teil von uns in Berührung, den wir womöglich vernachlässigt oder ausgeblendet haben. Diesem Teil von uns zuzuhören hilft uns, auf eine Art und Weise zu denken und zu handeln, die unser ganzes Sein umfasst.

Angst kann unser Leben nur dann steuern, wenn sie uns nicht bewusst ist. Dann kann sie unsere Ziele unterlaufen und uns daran hindern, uns Herausforderungen zu stellen, für die wir bereit sind.

Wenn wir uns unsere Angst eingestehen, können wir sie in unsere gesamte intuitive Wahrnehmung mit einbeziehen. Dann wird sie nicht mehr in der Lage sein, uns davon abzuhalten, die Schritte zu tun, die unsere Seele braucht, um zu wachsen. Sie kann uns jedoch dabei nützen, etwas langsamer zu werden und impulsive Handlungen zu verhindern, die uns nicht weiterhelfen.

Unsere Aufmerksamkeit sorgt dafür, dass sich chronische Ängste, deren Zeit abgelaufen ist, aufzulösen beginnen. Sie holt auch die Ängste ans Licht, die wir unterdrücken, sodass wir sie in den Griff bekommen können. Wenn wir uns unserer Ängste bewusst sind, entsteht ein Gleichgewicht in unserer Psyche. Es hilft uns, langsamer zu werden, wenn es an der Zeit ist, das Tempo zu drosseln. Und wir erhalten von ihm einen Tritt in den Hintern, wenn es an der Zeit ist, in die Gänge zu kommen.

Es grenzt schon an Ironie, dass wir Angst davor haben können, ein Risiko einzugehen, obwohl wir genau wissen, dass uns nichts passieren kann. Und so ergeht es uns bei den meisten Ängsten.

Aber manchmal fürchten wir uns auch und wissen nicht, dass wir uns in Sicherheit befinden. Wenn das geschieht, müssen wir unser Leben ganz genau prüfen. Vielleicht sind wir noch nicht bereit, mit der Umsetzung unserer

Pläne fortzufahren. Möglicherweise müssen wir einen Schritt zurückgehen oder uns vollkommen zurückziehen.

Dieser Dialog mit unserer Angst ist ein wesentlicher Bestandteil bei der Erschaffung von Ganzheit und Ausgewogenheit in unserer Psyche. Es wird uns niemals gelingen, unsere Angst loszuwerden. Der Versuch, das zu tun, verleiht der Angst nur unbewusste Macht über uns. Stattdessen müssen wir die Angst zu uns bitten, ihr zuhören, uns mit ihr austauschen, um dann aufgrund der erhaltenen Informationen Entscheidungen zu treffen, die vom Gefühl mitbestimmt sind.

# GEFÜHLE IM GLEICHGEWICHT

# Gefühle im Gleichgewicht

Ein Mangel an Ausgewogenheit entsteht, wenn wir es unseren Ängsten gestatten, uns daran zu hindern, Herausforderungen anzunehmen, die für unsere Entwicklung von entscheidender Bedeutung sind. Ein Mangel an Ausgewogenheit entsteht auch dann, wenn wir über unsere Ängste hinwegsehen und darauf bestehen, Risiken einzugehen, zu denen wir vom Gefühl her noch nicht bereit sind. Im ersten Fall spalten wir uns künstlich von anderen ab. Im zweiten Fall gehen wir anderen gegenüber Verpflichtungen ein, die wir unmöglich einhalten können. Beide Extreme führen zu Kummer und Einsamkeit.

Wenn eines dieser beiden Extreme in unserem Leben eine Rolle spielt, müssen wir das herausfinden und damit anfangen, uns zum Kern vorzuwagen. Menschen, die ihre Ängste ignorieren oder über sie hinweggehen, und handeln, bevor sie vom Gefühl her dazu bereit sind, müssen ihr Tempo drosseln und ihren Ängsten zuhören und warten, bis sie zum Handeln bereit sind. Menschen, die an ihren Ängsten festhalten und sie als Entschuldigung dafür nutzen, dass sie sich nicht kreativ ausdrücken, müssen üben, sich kleineren Herausforderungen zu stellen, mit denen sich neue Möglichkeiten in ihrem Leben eröffnen.

Kein Mensch kommt ohne ein Gleichgewicht zwischen Herausforderung und Sicherheit aus. Ersteres ist die männliche, schöpferische Energie des Universums. Sie sorgt für Veränderung und ist eine wachrüttelnde Kraft. Letzteres ist die weibliche, empfangende Energie des Universums. Sie sorgt für Beständigkeit und ist eine nährende Kraft.

Jeder von uns benötigt sowohl männliche als auch weibliche Energien. Wir brauchen Herausforderung und Sicherheit, Veränderung und Beständigkeit, Erwachen und Genährtwerden. Je ausgewogener wir in dieser Hinsicht sind, desto besser. Dann sind wir nicht auf unsere Beziehungen als einzigem Mittel zur Erlangung seelischen Gleichgewichts in unserem Leben angewiesen.

# VERTRAUEN

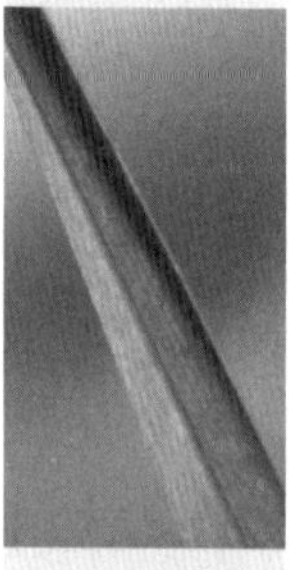

# Vertrauen

Wenn wir verletzt wurden, hören wir auf, anderen zu vertrauen. Unsere Herzen verschließen sich. Unsere Gefühle stehen uns selbst und anderen nicht länger zur Verfügung.

Vielen von uns fällt es schwer, zu vertrauen, weil wir in der Vergangenheit den falschen Menschen vertraut haben. Das benutzen wir als Entschuldigung dafür, dass wir anderen nicht mehr vertrauen, die unser Vertrauen vielleicht verdienen würden.

Wenn wir Menschen vertrauen, die nicht vertrauenswürdig sind, läßt das gewöhnlich darauf schließen, dass wir uns selbst nicht vertrauen. Wenn wir uns selbst vertrauen, fühlen wir uns nicht zu Menschen hingezogen, die nicht vertrauenswürdig sind.

Wir ziehen Menschen an, die uns spiegeln, was wir von uns selbst halten. Wenn wir ein Problem mit dem Vertrauen haben, müssen wir uns das eingestehen, anstatt die Verantwortung dafür jemand anderem zuzuschieben.

Uns selbst zu vertrauen, bedeutet, dass wir unsere Ängste anderen Menschen gegenüber eingestehen und uns Zeit lassen, sie kennenzulernen. Wir schlafen nicht mit Menschen, die wir nicht kennen. Wir lassen uns mit unseren

Gefühlen nicht auf Fremde ein. Wir nehmen uns die Zeit, herauszufinden, wer der andere ist und wie wir uns mit ihm fühlen. Dann, wenn wir uns mit jemandem wohlfühlen, öffnen wir uns allmählich.

Ein Herz muss nicht aufgebrochen werden. Es öffnet sich von selbst, wenn wir ihm Zeit lassen.

Wenn wir uns unsicher und ungeliebt fühlen, könnten wir uns übereilt in eine Beziehung stürzen, bevor wir unsere möglichen Partner richtig in Augenschein genommen haben. Für diese Impulsivität zahlen wir, indem wir verletzt werden und uns verschließen. Dann glauben wir, dass die andere Person nicht vertrauenswürdig war. Aber in Wahrheit waren wir selbst nicht vertrauenswürdig. Wir haben uns in etwas hineinbegeben, bevor wir wussten, ob wir uns damit wirklich wohlfühlen.

Wir haben impulsiv und unverantwortlich gehandelt.

Vielleicht hat sich der andere genauso verhalten. Dann sind wir beide verantwortlich. Das Problem des Vertrauens hat nicht nur mit der anderen Person zu tun, sondern auch mit uns selbst. Wir haben nicht gelernt, uns selbst zu vertrauen. Deshalb suchen wir uns Menschen aus, die nicht vertrauenswürdig sind.

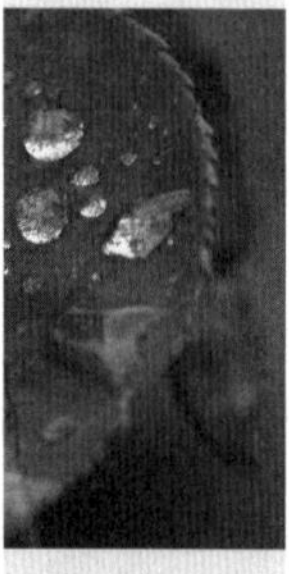

# Ein offenes Herz

Diejenigen, die sich die Zeit dafür nehmen, sich gegenseitig kennenzulernen, vertrauen einander nicht übereilt. Jeder vertraut dem/der anderen in dem Maße, wie er/sie zeigt, dass er/sie vertrauenswürdig ist. Es ist ein Prozess.

Es ist ein Fehler, anzunehmen, dass ein offenes Herz töricht sei. Ein offenes Herz sagt:

„Ich bin bereit, dir solange zu vertrauen, wie ich das Gefühl habe, dass wir uns einander öffnen. Wenn sich das ändert, werde ich vorsichtiger sein."

„Vorsichtiger sein" bedeutet nicht, sich zu verschließen. Es heißt, langsam vorzugehen, die Augen offenzuhalten, uns selbst und den anderen Tag für Tag zu überprüfen.

Nichts kann ein Herz früher verschließen, als in eine Beziehung einzutauchen, ohne zu wissen, wer der andere ist. Das ist kein Zeichen des Vertrauens dem anderen gegenüber. Es bedeutet völlige Mißachtung der Notwendigkeit, gegenseitiges Vertrauen aufzubauen, bevor ein solcher Schritt unternommen wird.

Vertrauen sollte nicht blind sein. Es muss die ganze Zeit gepflegt werden. Dann wird es bewusst und zuverlässig.

Wenn Vertrauen auf diese Weise wächst,

können sich beide Menschen allmählich offenbaren. Wissen und Mitgefühl vertiefen sich. Das bereitet den Boden, auf dem die Liebe wachsen kann.

Obwohl einige vom Gegenteil überzeugt sind, ist es nicht nötig, sich den Kopf abzuschneiden, damit wir in unseren Herzen wohnen können. Kopf und Herz müssen lernen, zusammenzuarbeiten. Es ist ihr gegenseitiges Wechselspiel, durch das die Samen für Ausgewogenheit und Gleichheit gesät werden.

# KOPF UND HERZ IM EINKLANG

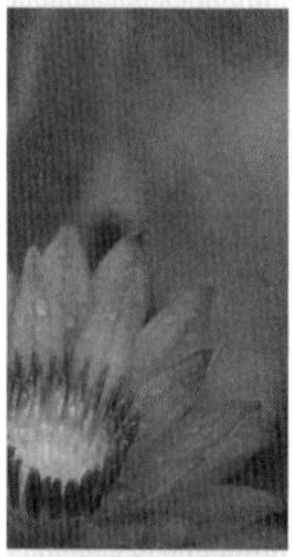

# Kopf und Herz im Einklang

Wenn wir erkennen, dass wir einem Muster folgen, das unsere Ängste und Gefühle missachtet oder das dafür sorgt, dass wir durch sie gesteuert werden, müssen wir einen Schritt zurücktreten und uns dieses Muster ansehen. Der Verstand unterstützt uns dabei. Er hilft uns, den Überblick zu bekommen.

Wir können erkennen, wie unsere Unsicherheit und emotionale Bedürftigkeit zu impulsiven Handlungen führen, wodurch wir uns in Beziehungen verwickeln, die uns nicht angemessen sind. Oder wir erkennen, wie uns unsere Ängste daran hindern, unsere Herzen für die Möglichkeit einer neuen, gesunden Beziehung zu öffnen. Wir verstehen unser Muster und können es erkennen, wenn es das nächste Mal in unserem Leben auftritt. Dann können wir bewusste Entscheidungen treffen anstelle von unbewussten.

Das bedeutet nicht, dass wir unser Leben zu Tode analysieren. Wir flüchten uns nicht in unseren Kopf. Wir lernen, gerade soviel Abstand zu unseren Gefühlen zu finden, dass wir einen Überblick über unsere Situation gewinnen können. Der Verstand begreift, was das Herz fühlt. Das Herz lauscht den

Erkenntnissen des Verstandes. Sie stehen in Verbindung miteinander. Und während sie sich austauschen, entwickelt sich zwischen beiden psychische Ausgewogenheit.

Wir wollen Entscheidungen treffen, die unseren Gefühlen gerecht werden und die mit unseren Lebenszielen übereinstimmen. Herz und Kopf müssen sich im ständigen Dialog befinden, wenn wir einfühlsame, intelligente Entscheidungen treffen wollen.

Manchmal handeln wir auf der Grundlage eines Gefühls, dass etwas stimmig ist, obwohl unser Verstand skeptisch bleibt. Wir müssen unsere Aufmerksamkeit auf das Ergebnis richten, wenn wir aus innerer Eingebung handeln. Haben wir eine gute Wahl getroffen, wenn wir so handeln? Falls ja, können wir unserer Intuition weiterhin vertrauen. Falls nein, müssen wir uns fragen, ob wir tatsächlich unserer

Intuition folgen. Manchmal nennen wir etwas Intuition, obwohl es nur unsere Sehnsucht oder Angst ist, die Amok läuft.

Durch Ausprobieren lernen wir unsere Stärken und Schwächen kennen. Wir ermitteln, wann wir einer Sache gegenüber eine zwiespältige oder eindeutige Haltung eingenommen haben, wann wir intuitiv und offen handeln und wann wir emotional reagieren. Wir lernen unsere Gefühlslandschaft kennen. Das ist eine wichtige Arbeit. Wir können nicht in unseren Herzen leben, wenn wir nicht bereit sind, uns auf diese Forschungsreise zu begeben.

# Wahres Sein

Wenn wir uns unserer Sehnsüchte und Ängste bewusst geworden sind und lernen, sie liebevoll anzunehmen, tauchen wir in den Teil unseres Herzens ein, wo vollkommener Frieden herrscht. Dort, das wissen wir, sind wir sicher, egal wie viele Ängste auch aufsteigen mögen. Wir wissen, dass wir etwas wert sind, auch wenn wir Wünsche oder

Bedürfnisse haben, die nicht erfüllt werden. Dort können wir unser Leben so akzeptieren, wie es ist. Wir müssen weder an uns noch an anderen etwas verändern oder verbessern.

Im Herzen leben bedeutet, dass wir diesen Ort des Annehmens in uns selbst finden. Wenn wir unser Leben so akzeptieren, wie es ist, ruhen wir in der Wahrheit unseres Seins, die von dem, was außerhalb geschieht, vollkommen unabhängig ist. Wir ruhen in der Erkenntnis, dass wir hier und jetzt der Liebe wert sind, genau wie die anderen.

Wenn wir in unserem Herzen ruhen, erleben wir den gegenwärtigen Augenblick mit allem, was er bietet. Wir können wählen, was wir denken, wie wir fühlen und wann wir handeln wollen. Wir verweilen am Ort der Kraft und der Möglichkeiten. Wir haben die Freiheit, ganz und gar wir selbst zu sein.

Wenn wir in unserem Herzen ruhen, müssen wir nicht zwanghaft reagieren. Wir leben unsere Ängste nicht aus und geben unseren Begierden nicht nach. Wir erkennen unsere Angst und unsere Sehnsucht und gehen liebevoll mit ihnen um. Wir dringen durch die Ebenen der emotionalen Konflikte und Zweifel hindurch, vor zu dem Ort, an dem wir uns annehmen. Und dort bleiben wir, bis wir wissen, was wir wirklich wollen.

Während wir üben, uns anzunehmen, und in der Stille unseres Herzens verweilen, wird uns klar, was wir wirklich wollen. Je länger wir an diesem Ort verweilen, desto besser stimmen unsere Gedanken, Gefühle und Handlungen überein. Wir werden ehrlicher, wahrhaftiger und mitfühlender im Umgang mit uns selbst und anderen.

# 3.
# Leben in Hingabe

# ERWARTUNGEN

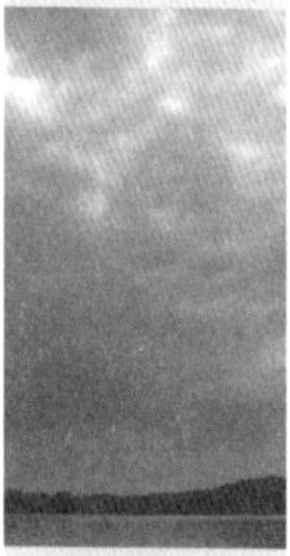

# Erwartungen

Wir alle haben bestimmte Vorstellungen davon, wie etwas zu sein hat. Wir erwarten, dass unsere Handlungen bestimmte Ergebnisse nach sich ziehen. Wir wünschen uns, dass bestimmte Dinge geschehen.

Häufig heißt es: „Erwarte lieber nichts." Aber das ist unrealistisch. Wir werden immer

Erwartungen haben, genau wie wir stets Werturteile, Befürchtungen und Wünsche haben werden. Es ist ebenso sinnlos zu versuchen, die eigenen Erwartungen loszuwerden, wie es sinnlos ist zu versuchen, die eigenen Werturteile, Wünsche und Ängste loszuwerden. Die eigentliche Frage lautet: „Wie können wir mit unseren Erwartungen umgehen, wenn sie auftauchen?"

Wenn wir anfangen, unsere Erwartungen der bestehenden Wirklichkeit aufzuzwingen, sind wir enttäuscht, wenn sie sich nicht erfüllen. Wenn wir vorgeben, keine Erwartungen zu haben, sind wir weder uns selbst noch anderen gegenüber ehrlich.

Anstatt uns an unsere Erwartungen zu klammern oder sie zu verleugnen, sollten wir versuchen, uns ihrer einfach bewusst zu sein und ihnen liebevoll begegnen. Dann können wir das Geschehen unabhängig davon akzeptieren, ob sich unsere Erwartungen erfüllen oder nicht.

Erwartungen tauchen im Bewusstsein auf genauso wie Ängste, Sehnsüchte und Werturteile. Wir müssen uns ihrer bewusst sein und sie sein lassen. Wir müssen sie weder festhalten noch von uns stoßen.

Das Leben zeigt sich uns nicht immer so, wie wir es gerne hätten. Tatsächlich könnte man sagen, dass sich die Chancen, dass etwas so geschieht, wie wir es uns wünschen, in dem Maße verringern, wie wir uns darauf versteifen. Wenn wir uns auf bestimmte Ergebnisse festlegen, üben wir auf uns selbst und auf andere häufig Druck aus. Dadurch wird die natürliche Entfaltung des Geschehens erschwert. Infolgedessen erleben wir Kämpfe und Widerstand.

Wir erzielen die besten Ergebnisse, wenn wir uns über das, was wir wollen, im Klaren sind, mit anderen eine gute Verständigung aufbauen und unser Bestes geben. Dann können wir leben, ohne etwas zu bedauern. Selbst wenn die Dinge sich nicht so entwickeln, wie wir es erwartet haben, nehmen wir es nicht persönlich. Wir haben nicht das Gefühl, versagt zu haben oder bestraft zu werden.

Statt dessen versuchen wir, die Situation so hinzunehmen, wie sie ist, und daraus zu lernen, was möglich ist. Wir schlucken unsere Enttäuschung und unsere Frustration nicht herunter, sondern erkennen sie an, wobei wir unseren Kopf und unser Herz nicht verschließen. Wir wissen, dass sich die Dinge ändern können und dass ein vermeintlicher Rückschlag sich oft als ein als Unglück getarnter Segen erweisen kann.

Zum Leben gehören Höhen und Tiefen, Ebbe und Flut. Derselbe Rhythmus findet sich in unserem Bewusstsein. Manchmal sind wir voller Freude, ein andermal sind wir traurig. Manchmal sind wir zuversichtlich und liebevoll, ein andermal ängstlich und abwehrend.

Das Bewusstsein besteht aus Wellen von Gedanken und Gefühlen. Äußere Ereignisse unterliegen den gleichen Schwankungen.

Wenn du das Leben zu einem bestimmten Zeitpunkt anhältst und es betrachtest, erhältst du nur einen kleinen Ausschnitt des Bildes. Er wird ihm nicht gerecht. Du musst das Kommen und Gehen der Wellen beobachten, um einen Gesamteindruck zu bekommen. Das erfordert Geduld.

Wenn wir geduldig sind, wissen wir, dass sich alles ändert. Gipfel werden zu Tälern,

Traurigkeit weicht der Freude. Was wie Versagen aussieht, könnte ein getarnter Erfolg sein. Das Leben ist nicht immer so, wie es zunächst scheint. Wir müssen das aufgeben, was wir wissen, um das entdecken zu können, was wir nicht wissen.

# Gegenwärtikeit

Egal, was gestern, letzte Woche oder im vergangenen Jahr geschehen ist, in diesem Augenblick stehen wir vor einer neuen Situation, in der sich uns neue Möglichkeiten eröffnen. Der Schmerz oder die Enttäuschungen der Vergangenheit müssen nicht zu Schmerzen und Enttäuschungen der Gegenwart werden. Selbst wenn die äußeren Umstände denen der Vergangenheit entsprechen, können wir sie aus einem neuen Blickwinkel betrachten.

Die Gegenwart bietet uns immer die Möglichkeit, die Dinge auf andere Art wahrzunehmen oder eine andere Wahl zu treffen, wenn wir willens sind, sie zu sehen. Die Frage ist, ob wir es wollen.

Natürlich ist es leichter, in die Vergangenheit zu blicken, als die Gegenwart wahrzunehmen. Die Vergangenheit verändert sich nicht. Wir wissen, wie sie aussieht, deshalb müssen wir nicht aufmerksam sein. Wenn wir in die Vergangenheit blicken, wiegt uns das sanft in den Schlaf. In der Gegenwart zu sein, verlangt unsere ganze, bewusste Aufmerksamkeit.

Wenn du einen Blick auf jemand werfen möchtest, der darin geübt ist, ganz in der Gegenwart zu sein, beobachte Sportler beim Basketball-, Fußball- oder Hockeyspiel. Das Geschehen verändert sich ständig. Jeder Wurf, jedes Abblocken, jeder Wechsel eröffnet neue

Möglichkeiten. Diese Möglichkeiten zu erkennen, sobald sie sich bieten, ist von entscheidender Bedeutung. Wenn ein Sportler nicht aufmerksam bleibt, kann er den Ball oder Puck verlieren. Die besten Spieler sind nicht nur jene mit den größten körperlichen Fähigkeiten, sondern auch diejenigen, die am aufmerksamsten auf den Spielfluss und das aktuelle Geschehen reagieren.

Wenn wir unser Leben mit Erfolg meistern wollen, müssen wir unsere Fähigkeit, gegenwärtig und aufmerksam zu sein, ausbauen. Wir können einen Spielplan entwerfen, der berücksichtigt, was in der Vergangenheit geschehen ist. Aber wenn das Spiel beginnt, müssen wir unsere gesammelte Aufmerksamkeit auf die Gegenwart richten. Wenn der Spielplan nicht funktioniert, müssen wir ihn überarbeiten oder ihn ganz aufgeben.

Wenn unser Kopf und unser Herz offen sind, hilft uns das, im gegenwärtigen Augenblick aufmerksam zu sein. Wenn wir aufmerksam sind, begegnen wir jeder Situation mit Geduld, Flexibilität und Wohlwollen. Wir tauchen durch unsere Werturteile, unsere Wünsche und unsere Ängste hindurch und gelangen zum Kern unseres Seins, wo wir auf die uns gemäße Weise angemessen auf die gegebene Situation reagieren können.

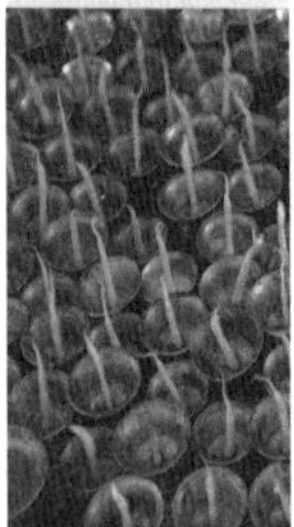

# Aus Fehlern lernen

Die beste Art und Weise, auf die wir unsere Vergangenheit hinter uns lassen können, ist, daraus zu lernen. Wenn wir Fehler begehen, können wir die Folgen für uns und andere erkennen. Wir können uns anderen gegenüber entschuldigen und wiedergutmachen, was wir angerichtet haben. Wir können uns selbst vergeben und aus unseren Fehlern lernen.

Wenn wir aus unseren Fehlern lernen, wiederholen wir sie nicht. Die Vergangenheit bleibt Vergangenheit. Sie wird nicht fortgesetzt.

Wenn wir feststellen, dass wir andauernd Muster aus der Vergangenheit wiederholen, haben wir wahrscheinlich nichts aus unseren Fehlern gelernt. Vielleicht richten wir unsere Aufmerksamkeit auf das, was andere getan haben, und machen sie für unseren Schmerz verantwortlich, anstatt unsere eigenen Handlungen zu prüfen.

Solange wir nicht bereit sind, die Verantwortung für unser Handeln zu übernehmen, werden wir kaum aus unseren Fehlern lernen. Wenn wir anderen vergeben und beginnen, uns selbst zu prüfen, bekommen wir ein Gespür dafür, wie wir selbst zu Missverständnissen und Kummer beigetragen haben. Unseren eigenen Beitrag zu verstehen, ist von entscheidender Bedeutung, da dies der einzige Teil ist, den wir ändern können. Wir können am Verhalten anderer nichts ändern, sei es in der Vergangenheit oder in der Zukunft.

Es grenzt schon an Ironie, dass die Menschen, die sich immer auf die Vergangenheit beziehen – und dabei ihre Möglichkeiten in der Gegenwart einschränken, weil sie sich an die alten Muster klammern – genau diejenigen sind, die ihre Fehler nicht eingestanden und nichts begriffen haben. Sie kleben an der Vergangenheit, weil sie nicht gelernt haben, die Verantwortung dafür zu übernehmen. Und sie werden auch weiterhin daran festhängen, bis sie ihre Fehler eingesehen und sie wiedergutgemacht haben.

Es ist wichtig, herauszufinden, wie oft wir

uns auf die Vergangenheit beziehen. Einerseits sagen wir, dass wir eine Veränderung in unserem Leben wünschen, andererseits aber haben wir unser Augenmerk immer noch auf das gerichtet, was einst geschah. Wir lassen die Vergangenheit in unseren Gesprächen immer wieder aufleben und benutzen sie als Beweis dafür, warum wir uns nicht ändern können.

Die Wahrheit ist, dass wir willens sein müssen, uns zu verändern, oder unser Leben läuft weiter wie bisher. Wir müssen dazu bereit sein, unsere Fehler zu erkennen und zu korrigieren, wenn wir möchten, dass sich das Heute vom Gestern unterscheidet.

Wenn wir den gegenwärtigen Augenblick durch die Brille der Vergangenheit betrachten, ist es sehr wahrscheinlich, dass wir die Vergangenheit noch einmal erschaffen. In der

Regel gedeihen die Dinge, denen wir unsere Aufmerksamkeit schenken.

Eine Veränderung in unserem Denken kann unmittelbar Erfolg haben, wenn wir dabei zuversichtlich sind. Aber das heißt, dass wir aufhören müssen, über alle die Dinge zu reden, die in der Vergangenheit schiefgegangen sind.

Die Vergangenheit ist vorbei. Wir sind nicht mehr derselbe Mensch, der wir einst waren. Dies ist eine neue Zeit, ein neuer Ort, eine neue Situation. Aber das Wichtigste ist, dass sich unser Bewusstsein verändert hat. Wir haben unsere Fehler erkannt und sind entschlossen, daraus zu lernen. In der Vergangenheit haben wir vielleicht unbewusst, blind und zwanghaft gehandelt. Jetzt handeln wir bewusst, frei und zielstrebig.

Wir hören auf, aufgrund der vergangenen

Erlebnisse „Ich kann nicht“ zu sagen. Wir fangen an, „Ich kann“ zu sagen, weil wir ein anderer Mensch geworden sind. Wir haben aus unseren Fehlern gelernt.

Unsere von der Vergangenheit verursachte Machtlosigkeit entwickelt sich zu einer Selbstbestimmung, deren Nährboden die Vergangenheit ist. Als Opfer der Vergangenheit bin ich dazu verurteilt, sie zu wiederholen. Als Mensch, der aus seinen Fehlern lernt und sie korrigiert, bin ich der Schöpfer einer neuen und anderen Zukunft.

# Der nächste Schritt

Wenn wir unsere Zukunft planen, schießen wir oft über das Ziel hinaus. Aber in der Regel geht das Leben mit ins Feinste ausgeklügelten Plänen nicht gerade freundlich um. Egal wie sehr wir uns auch bemühen, wir können die Zukunft nicht vorhersagen.

Das beste, was wir tun können, ist, uns über unsere Ziele klarzuwerden und eine anpassungsfähige Strategie zu entwickeln, wie wir sie am besten erreichen können. Während sich die Ereignisse entfalten, kann es sein, dass wir unsere Strategie einige Male umstellen müssen.

Wir wissen vielleicht, wohin wir gehen wollen, aber wir können nicht immer bestimmen, wie wir dorthin gelangen. Das „Wie“ – die Mittel, mit denen wir unser Ziel erreichen – muss vielleicht verändert werden, um mit unerwarteten Hindernissen, die uns auf dem Weg begegnen, umzugehen. Die einzige Gewissheit ist die, dass wir unser Ziel schließlich erreichen werden, wenn wir es mit tiefster Überzeugung verfolgen. Das kann jedoch länger dauern, als wir angenommen haben. Die Route, die wir einschlagen, hält vielleicht mehr Umwege bereit, als die, die wir ursprünglich geplant hatten.

Letzten Endes ist das einzige, was wir mit Sicherheit erkennen können, der nächste Schritt. Um uns mit dieser inneren Gewissheit zu verbinden, müssen wir uns oft von unseren ausgeklügelten Plänen verabschieden und einfach fragen: „Was ist der nächste Schritt? Was fühlt sich im Moment richtig an?"

Möglicherweise befriedigt es unser Ego nicht, nur den nächsten Schritt zu kennen – unser Ego will oft alles sofort wissen – aber das Wissen, was als Nächstes an der Reihe ist, kann Klarheit in unseren Kopf und Frieden in unser Herz bringen. Wir wissen, worauf wir uns konzentrieren müssen. Wir wissen, wo wir unsere Energie einsetzen wollen.

Je geschickter wir darin werden, im Augenblick zu leben, desto eher werden wir erkennen, dass es reicht, den nächsten Schritt zu kennen. Wir müssen nicht wissen, was nächste

Woche, nächsten Monat oder nächstes Jahr geschieht. Wir brauchen nur zu wissen, was sich jetzt richtig anfühlt.

Selbst wenn es möglich wäre, zu erfahren, was in einem Monat oder einem Jahr geschieht, würden wir aus diesem Wissen nicht unbedingt Nutzen ziehen. Zu wissen, was die Zukunft bringt, könnte uns sogar daran hindern, das zu tun, was gerade wichtig für uns ist. Wenn wir wüssten, dass ein Vorhaben nicht gelingen wird, würden wir vielleicht nicht mehr unser Bestes dafür geben. Und das könnte verhindern, dass wir etwas vollbringen, das uns den Schlüssel zu einer neuen Zukunft in die Hand gibt.

Wenn wir wissen, was als Nächstes ansteht, sind wir in der Lage, unsere wertvollste Energie in den gegenwärtigen Augenblick zu stecken.

Solange wir das tun, sorgt unsere Zukunft für sich selbst.

Wenn wir im Getriebe künftiger Projekte steckenbleiben, verlieren wir unsere Klarheit. Wir beschäftigen uns dann nur noch mit „was wäre, wenn“ und „sollte/könnte/müsste“ Das Ergebnis ist Verwirrung oder Enttäuschung. Zeit und Energie, die in die Gegenwart hätten investiert werden können, werden vergeudet. Wir verlieren unser Ziel aus den Augen, unser Glauben und unser Optimismus kommen uns abhanden.

In solchen Augenblicken müssen wir tief durchatmen und unsere Aufmerksamkeit auf die Gegenwart lenken. Wir müssen uns fragen: „Was kann ich jetzt mit Energie und Klarheit beginnen?“ Das wird uns wieder erden.

Wenn die Antwort lautet: „Im Augenblick gibt es nichts zu tun“, dann müssen wir eine

Pause machen oder unsere Aufmerksamkeit etwas anderem widmen. Wenn sich eine neue Richtung herauskristallisiert, müssen wir häufig in dem, was wir tun, innehalten, und der neuen Energie eine Chance geben, sich bemerkbar und spürbar zu machen.

In dieser Hinsicht ist die Pause zwischen den Schritten ebenso wichtig, wie die eigentlichen Schritte. Sie schafft Gelegenheit zum Überdenken, zur Anpassung und zur Neuausrichtung.

Ruhe- und Entspannungsphasen sind dabei für das Wohlergehen unseres Bewusstseins ebenso wichtig wie Phasen der Aktivität. Ruhe fördert Aktivität. Aktivität erfordert Ruhe.

Einer der Schlüssel zu einem Leben in Hingabe ist das Wissen darum, wann es zu ruhen und wann es zu arbeiten gilt. Denn es gibt für alles einen idealen Zeitpunkt.

Ekklesiastes hat gesagt: „Alles hat seine Zeit, eine Zeit zum Reifen, eine Zeit zum Säen, eine Zeit für jedes Ding auf Erden." Wenn wir im Augenblick verweilen und uns fragen: „Was ist der nächste Schritt?" stehen wir mit dem Kommen und Gehen des Lebens in Verbindung. Wir werden arbeiten, wenn die Zeit zum Arbeiten gekommen ist, und uns ausruhen, wenn es Zeit für eine Pause ist. Wir werden allein sein, wenn es die Zeit zum Alleinsein ist, und mit anderen zusammen, wenn es die Zeit ist, sich mitzuteilen. Wir werden uns mit der Strömung des Flusses bewegen, anstatt uns dagegen zu stemmen. Wir wirken in Harmonie mit dem Leben, anstatt uns ihm entgegenzustellen. Auf diese Art können wir unseren Kampf überwinden. So hält die Gnade Einzug in unser Leben.

# 4.
# Entfaltung der Gnade

# HINGABE
# SCHAFFT RAUM

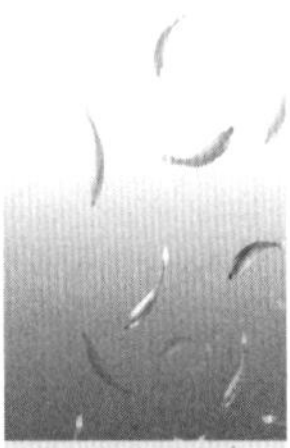

# Hingabe schafft Raum

Jetzt sind wir uns unserer Werturteile, Ängste, Begierden und Erwartungen bewusst, wenn diese auftauchen. Wir erkennen, wie wir uns dem Leben widersetzen und es von uns stoßen. Und wir haben gelernt, mit all diesen Gefühlen liebevoll und achtsam umzugehen.

Wir geißeln uns nicht dafür, dass wir ängstlich sind, Urteile fällen oder Fehler machen. Wir haben gelernt, tief einzuatmen und alle Ebenen des Bewusstseins zu durchdringen, bis wir uns im Kern unseres wahren Seins ausruhen können.

Von Augenblick zu Augenblick entdecken wir eine Möglichkeit, das, was das Leben uns zuträgt, zu akzeptieren und uns darauf einzustellen. Manchmal kann das bedeuten, einen Schritt zurückzugehen. Manchmal kann es bedeuten, einen Schritt nach vorne zu gehen.

Wir geben aus dem Verständnis heraus, über das wir zu diesem Zeitpunkt verfügen, unser Bestes. Doch wir wissen, dass uns das Leben schult und dass wir immer noch etwas zu lernen haben. Wenn uns das Leben vor unerwartete Herausforderungen stellt, nutzen wir sie, um in unserem Verständnis und Mitgefühl für uns und andere zu wachsen.

Diese Haltung der Hingabe lässt Gnade in unser Leben Einzug halten. Gnade ergießt sich von selbst in einen Menschen, dessen Verstand und Herz offen sind. Wenn wir unser Leben der Wahrheit unseres Seins übergeben, fließt die Überfülle des Universums durch unsere Köpfe, Herzen und Hände.

Der heilige Franziskus betete: „Laß mich dein Werkzeug sein." Wenn wir uns unserem wahren Sein immer mehr hingeben, wird jeder von uns zu einem Kanal, durch den die göttliche Gegenwart fließt. Die Klarheit und Weisheit des Göttlichen drücken sich durch unseren offenen Verstand aus. Die Liebe und das Mitgefühl des Göttlichen äußern sich in unseren offenen Herzen. Die Gnade und Fülle des Göttlichen fließen durch unser Leben in Hingabe.

# EINHEIT UND GEGENSATZ

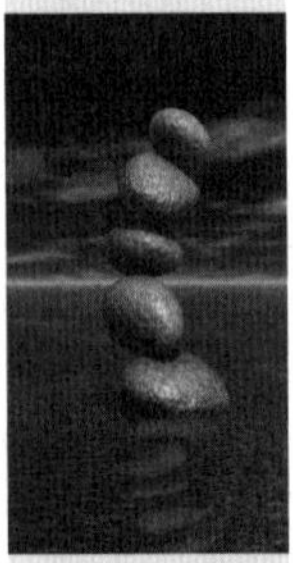

# Einheit und Gegensatz

Wir bewegen uns auf einem schmalen Grat zwischen zwei völlig verschiedenen Wahrnehmungen unserer selbst. Die eine Wahrnehmung vermittelt uns, dass wir so, wie wir sind, vollkommen sind und weder verändert noch verbessert werden müssen. Die andere Wahrnehmung sagt uns, dass wir Fehler machen und aus ihnen lernen müssen, um unsere sämtlichen Fähigkeiten verwirklichen zu können.

In der Wahrnehmung der Einheit ist eine Verbesserung nicht notwendig. Wir sind alle vollkommen, so wie wir gerade sind. In der Wahrnehmung der Gegensätze sind Verbesserung und psychologische Weiterentwicklung entscheidend, wenn wir noch mehr wir selbst werden wollen.

Die Wahrnehmung der Einheit vermittelt uns: Ich bin Gott. Die Wahrnehmung der Gegensätze sagt uns: Ich werde Gott.

So lange ich im Bewusstsein von deiner und meiner Vollkommenheit lebe, gibt es nichts zu verändern. So etwas wie Probleme oder Fehler existieren dort nicht. Es gibt keine Angst, keine Zweifel, keine Urteile und keine Erwartungen. Es gibt weder Zeit noch Raum. Einzig Gott ist dort: Die Ewigkeit, die sich an diesem Ort und in diesem Augenblick offenbart.

Aber sobald ich ein einziges Urteil über dich oder mich fälle, sobald Angst in mir aufsteigt oder meine Erwartungen nicht erfüllt werden, verschiebt sich meine Wahrnehmung hin zu den Gegensätzen. Das ist das psychologische Gegenstück zum mythischen Verlust des Paradieses.

Dann nämlich glaube ich, dass etwas nicht in Ordnung ist, dass es ein Problem gibt. Dass sich jemand ändern muss, etwas verbessert werden muss. Dass ein Fehler begangen wurde, der nun korrigiert werden muss. Ich lebe nicht länger im Bewusstsein der Einheit. Mein Bewusstsein ist in Gegensätze zerfallen. Es gibt gut und böse, hoch und tief, Erfolg und Misserfolg. Hier sind Beurteilungen und Vergleiche Teil des Lebens. Manche Menschen sind freundlicher oder verfolgen höhere moralische Grundsätze als andere. In diesem Bewusstsein gibt es Verbrechen, Bestrafung und sogar Erlösung.

Im Bewusstsein der Einheit bedarf es keiner Erlösung, weil wir nicht in Ungnade fallen können. Es bedarf keiner Vergebung, weil es keine Sünde, keine Übergriffe und keine Fehler gibt.

Das Bewusstsein der Einheit und das Bewusstsein der Gegensätze sind zwei völlig verschiedene Welten. Jeder von uns lebt zu verschiedenen Zeiten in einer der beiden Welten. Die Distanz zwischen diesen beiden Welten ist der Abstand zwischen einem Gedanken und dem nächsten.

Fällen wir Urteile, verjagen wir uns selbst aus dem Paradies. Vergebung bewirkt die Rückkehr zu einem Leben in Gnade.

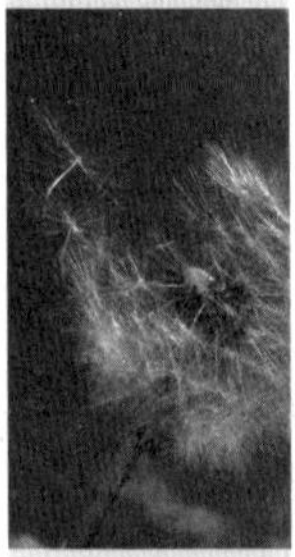

# Vergebung leben

Steigen Bewertungen auf, ist Vergebung das passende Gegenmittel. Wenn ich dich bewerte, kann ich in den Zustand der Gnade zurückfinden, indem ich dieses Urteil anerkenne. Und ich vergebe mir selbst dafür, dass ich mich nicht wertvoll gefühlt, und dieses Gefühl der Wertlosigkeit auf dich projiziert habe.

Wenn du mich beurteilst, erkenne ich, dass du nicht über mich, sondern über dich selbst ein Urteil fällst. Ich empfinde Mitgefühl für dich und hoffe, dass du die Verurteilung deiner selbst erkennen und dir verzeihen kannst, damit du in den Zustand der Gnade zurückfinden kannst.

Wenn wir die Bewertung umsetzen, entfernen wir uns weiter und weiter vom göttlichen Bewusstsein. Wir bewegen uns in die Welt von Schuldzuweisung, Scham, Angriff und Verteidigung. Der Himmel wird zu einer wahren Hölle. Das Göttliche wird menschlich und wird ans Kreuz geschlagen.

Die Frage ist, wer starb am Kreuz? War es ein Mensch oder ein Gott oder beides zugleich?

Das Kreuz verkörpert sowohl unsere Göttlichkeit als auch unser Menschsein. Jesus war weder der einzige, der ein Kreuz trug, noch wird er der letzte sein, der den Leidensweg ging und am Kreuz starb.

Jeder von uns bewegt sich zwischen diesen beiden Welten. Manche steigen zur Erde hinab, andere fahren zum Himmel auf. Wir alle haben die Reise in beide Richtungen unternommen. Wir kennen diese Achterbahn. Das Schicksalsrad dreht sich, und wir drehen uns mit ihm.

Erst wenn es uns in den Sinn kommt, dass wir unser Kreuz ablegen und aus dem Schicksalsrad aussteigen könnten, begeben wir uns auf den spirituellen Weg. Erst dann sind wir ernsthaft genug, um zu üben.

Wie sieht das Üben aus?

Es ist ganz einfach: Um im göttlichen Bewusstsein zu verweilen, sollten wir nicht werten. Wir sollten keine Ängste oder Zweifel hegen. Wir sollten nicht an der Vergangenheit festhalten und keine Erwartungen an die Zukunft stellen. Wenn dir das gelingt, dann stehst du schon in einer Reihe mit Jesus und Buddha.

Wenn es dir nicht oder nur für kurze Augenblicke gelingt, dann musst du dich in der Kunst der Vergebung üben. Dann musst du dein in Gegensätze zerfallenes Erleben mit dem Bewusstsein von Liebe und Einheit verbinden.

Wie kannst du das erreichen? Du beginnst damit, dass du deine Fehler zugibst. Du akzeptierst sie und übernimmst die Verantwortung dafür. Du gibst keinem anderen die Schuld dafür.

Anstatt dich selbst zu geißeln, versuchst du, sanft mit dir umzugehen. Du erkennst, dass du deine Fehler nur dann hinter dir lassen kannst, wenn du aus ihnen lernst. Du kommst mit der Angst, die deine Gedanken oder dein Handeln verursachte, in Berührung. Du bleibst bei der Angst, bis du sie überwunden hast. Du sorgst selbst für deine Heilung.

Dann versuchst du bei anderen, die du verletzt hast, deine Fehler wiedergutzumachen. Du bittest sie um Verständnis. Du leistest Ersatz. Und du vergibst dir selbst. Du befreist dich von der Vergangenheit in dem Wissen, dass du in Zukunft andere Entscheidungen treffen wirst.

Jedesmal, wenn du etwas bewertest, ist es notwendig, eine Form der Vergebung anzuwenden. Du kannst nicht lernen zu vergeben, wenn du nicht übst. Jeden Tag bekommst du hundertmal Gelegenheit, deine Fehler zuzugeben und sie zu vergeben.

Vergebung ermöglicht es uns, aus dem in Gegensätze zerfallenen Bewusstsein zum

Bewusstsein der Einheit zu gelangen. Wenn wir unsere Fehler vergeben und dafür gebüßt haben, sind wir nicht länger schuldig. Wir erhalten unsere Unschuld zurück. Unser Bewusstsein hat sich verändert. Wir sind nicht länger derselbe Mensch, der den Fehler begangen hat.

Vergebung hilft mir, in den Zustand der Gnade zurückzufinden. Sie hilft mir, mich daran zu erinnern, dass ich, so wie ich bin, vollkommen bin, genauso wie du, so wie du bist, vollkommen bist. Sie hilft mir, mich daran zu erinnern, dass keiner von uns verbessert werden muss. Das Leben ist, so wie es ist, rundum annehmbar. Ich muss mich ihm nicht widersetzen oder versuchen, es zu ändern. Ich kann mit der Wirklichkeit leben, so wie sie sich entfaltet.

Ich gebe mein Ego-Bewusstsein auf, indem

ich es so akzeptiere, wie es ist. Ich versuche nicht, es loszuwerden. Ich lasse es nicht die Kontrolle über mein Leben übernehmen. Ich erkenne einfach an, dass es da ist. Ich werde mir der Höhen und Tiefen in meinem Inneren bewusst, ebenso wie ich mir der Höhen und Tiefen in meinem äußeren Leben bewusst bin. Ich reite die Wellen des Bewusstseins und der Erfahrung, indem ich allem mitfühlende Achtsamkeit entgegenbringe.

Meine Bewertungen, meine Ängste, meine Erwartungen ruhen nun in etwas viel Größerem, Weiterem und Tieferem als dem egoistischen Bewusstsein, das sie gebar. Sie ruhen in meiner liebevollen Anerkennung. Sie ruhen in meinem Bewusstsein, dass, was auch immer in diesem Augenblick geschieht, vollkommen ist. Es ist genau so, wie es sein muss.

In jedem Augenblick unseres Lebens treten

wir in das göttliche Bewusstsein ein und wieder heraus. Wir verlassen den Zustand der Gnade und steigen zum Altar der Vergebung empor. Wir begehen Fehler und machen sie wieder gut. Wir fällen Urteile, gestehen sie uns ein und vergeben uns. Wir üben, im Angesicht Gottes zu stehen, und ebenso, unsere göttliche Herkunft zu vergessen.

Das ist das Wesen unserer Reise. Sie ist nicht geradlinig sondern verläuft in Spiralen. Was wir uns jetzt nicht vergeben können, kehrt immer wieder, damit wir unsere Aufmerksamkeit darauf lenken können.

Wir scheinen uns auf das Ziel der Selbsterkenntnis hinzubewegen, aber dieses Ziel kann nur in dem Umfang erreicht werden, in dem wir uns selbst hier und jetzt lieben und annehmen. In diesem Sinne haben wir das Ziel schon oft erreicht.

Wir haben uns erinnert und vergessen. Wir sind aufgewacht und wieder eingeschlafen. Aber all das bedeutet nichts, denn egal, was wir getan haben oder tun werden, wir haben nur diese Zeit und diesen Ort.

Wenn die Liebe nicht in diesem Augenblick lebt, lebt sie gar nicht. Es ist bedeutungslos, wie viele Buddhas und Christusse es vor uns gab oder wie viele nach uns folgen werden.

Jahrelang haben wir zum Göttlichen in dem Glauben gebetet, dass es außerhalb unserer selbst sei. Lasst uns nun gemeinsam beten, in dem Wissen, dass unsere Herzen Teil des göttlichen Herzens sind, ebenso wie unser Verstand Teil des göttlichen Verstandes ist.

# EIN GEBET

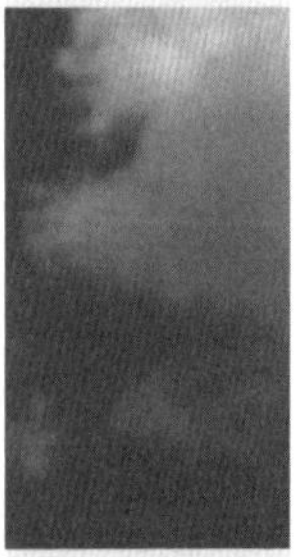

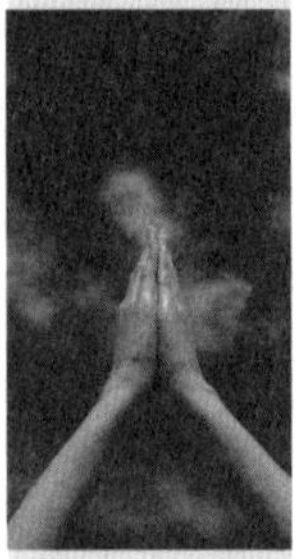

# Ein Gebet

Vater und Mutter all dessen, was ICH BIN, möge ich immer im Hier und Jetzt gegenwärtig sein. Möge ich mich so akzeptieren, wie ich bin. Möge ich meine Brüder und Schwestern so akzeptieren, wie sie sind. Möge ich mein Leben so akzeptieren, wie es sich gerade um mich entfaltet.

Gebt, dass ich alles, was da ist, in mein Herz aufnehme und damit Frieden schließe. Gebt, dass alles, was da ist, mit mir Frieden schließt. Möge ich diesen Segen erhalten und schenken. Möge ich in dieser Gemeinschaft verweilen.

Gebt, dass ich meinen kleinen Willen eurem großen Willen hingebe, der alle Wesen in vollkommener Gleichheit birgt. Gebt, dass ich die Bedingungen, die ich an die Liebe knüpfe, loslasse, damit ich bedingungslose Liebe geben und empfangen kann.

Möge sich mein Herz öffnen, auf dass ich von meinen Ängsten und Begierden befreit werde. Möge sich mein Verstand öffnen, auf dass ich von meinen Bewertungen und Auslegungen befreit werde. Möge sich mein Leben öffnen, auf dass ich von allen Erwartungen befreit werde, damit ich das annehmen kann, was vor mir liegt, und es in seiner Wahrheit erkennen kann.

Möge meine Offenheit eure Gegenwart herbeirufen. Möge meine Hingabe eure Gnade erwecken.

AMEN

# Stimmen zu Paul Ferrinis Büchern:

„Diese Worte verkörpern Toleranz, Allgemeingültigkeit, Liebe und Mitgefühl, die Kennzeichen aller großen Lehren. Sie lenken unsere Aufmerksamkeit auf unsere göttliche Natur, anstatt sie nach außen zu richten. Paul Ferrini ist ein moderner Khalil Gibran – Dichter, Mystiker, Visionär, Verkünder der Wahrheit."

Larry Dossey M.D., Autor von *Wahre Gesundheit finden*

„Gekonnt und mutig führt uns Paul Ferrini über Scham, Schuldzuweisung und liebgewordene alte Verletzungen hinaus in die Tiefen des Selbst, wo wir uns vergeben können. Sein Werk ist ein Muss für alle, die bereit sind, die Verantwortung für ihr eigenes Heil zu übernehmen."

John Bradshaw, u.a. Autor von *Familiengeheimnisse*

„Eine frische Brise in einem oft muffigen und vollgestopften Bereich. Mit liebevollen, klaren und einfachen Worten werden wir zur Wahrheit in uns geführt. Ich lese dieses Buch, wann immer mein Herz danach verlangt, und das geschieht oft."

Pat Rodegast, Autorin von *Emanuels Buch*

„Paul Ferrinis Schriften sind authentisch, erfreulich und weise. Sie stellen die Verbindung des Lesers zu dem Geist im Inneren wieder her. Jenem Ort, an dem selbst unsere tiefsten Wunden wieder geheilt werden können."

Joan Borysenko Ph.D., u.a. Autorin von *Ein Wunder täglich*

„Ich spüre, dass sein Werk aus einer andauernden Freundschaft mit dem tiefsten Teil des Selbst entspringt. Ich vertraue seiner Weisheit."

Coleman Barks, Dichter und Übersetzer

„Paul Ferrinis wundervolle Bücher zeigen einen Weg, auf dem wir leichtherzig und voll Freude auf dem Planeten Erde wandeln können."

Gerald Jampolsky, M.D. Autor von *Lieben heißt, die Angst verlieren*

„Paul Ferrini führt uns auf eine behutsame Reise zur wahren Quelle von Freude und Glück: (Sie liegt) in uns selbst."

Ken Keyes Jr., Autor von *Das Handbuch zum Glücklichsein*

Informationen über Workshops, Retreats und Gruppen von Gleichgesinnten sind erhältlich bei:

**The Miracles Community Network**
**P.O. Box 181**
**South Deerfield**
**MA 01373**
**Tel. USA 413-665-0555.**